AF493320

Сексуальные тайны и Любящий

из

Овен

Alina A. Rubi/Angeline Rubi

Независимое издание

Авторское право © 2023

Астрологи: Алина А. Руби и Ангелина А. Руби

Электронная почта: rubiediciones29@gmail.com

Издание: Ангелина А. Руби

rubiediciones29@gmail.com

Никакая часть этой книги не может быть воспроизведена или передана в любой форме, любыми электронными или механическими средствами. Включая фотокопирование, запись или любые системы архивирования и поиска информации, без предварительного письменного разрешения автора.

Введение

Астрология - один из лучших способов исследования энергетических вибраций и сексуальных желаний человека. Обычно все мы знаем свой солнечный знак - положение, которое определяет наш характер и личность. Однако для того, чтобы получить конкретное представление о том, как складываются наши отношения в более интимных ситуациях, необходимо заглянуть за пределы Солнца.

Мы не всегда можем объяснить, почему мы желаем чего-то или испытываем влечение к кому-то, но эти эмоции заставляют нас чувствовать себя живыми. Секс может символизировать начало романтических отношений, брака или ночь восторженных приключений.

Мы все разные и по-разному реагируем на разные ситуации в любви. Положение Солнца и Марса в натальной карте означает сексуальность и физические проявления желания, а Луна и Венера символизируют любовь, романтику и эротические проявления. Сочетание Вашего знака зодиака со знаком, в котором находится планета Марс, связано с Вашим сексуальным желанием. Знак Луны в сочетании со знаком, в котором находится Венера в Вашей натальной карте, обозначает Вашу любящую натуру.

Знание фантазий своего партнера полезно для вашей сексуальной жизни. Фантазии — это возможность представить себе все, что угодно, не нарушая законов. Если во время сексуального контакта вы представите какой-либо компонент фантазии или воспроизведете ее образы в устной форме, вы придадите сексу с вашим любовником особую остроту.

С помощью этой книги вы сможете обрести настоящую любовь и страсть, избежав многих неожиданностей, которые заставляют разочарование разрушать вашу романтическую спальню. Вы будете готовы к эротическим и чувственным отношениям и сможете узнать свою собственную сексуальную ориентацию.

Осознав, кто вы, что и почему работает для вас, вы узнаете, как справиться со своими эмоциями, либидо и сексуальными потребностями, а также с потребностями вашего партнера.

Четыре стихии и сексуальность

Элементы: Огонь, Земля, Воздух и Вода.

Огонь: Овен, Лев и Стрелец

Огненные знаки очень сексуально активны. Их страсть очень сильна, но секс обычно проходит быстро. Для Овна секс — это демонстрация того, насколько ты хорош. Лев никогда и ни в чем не хочет быть превзойденным, а Стрелец любит демонстрировать свой животный магнетизм. Для всех троих лесть и одобрение являются жизненно важным стимулом. Огненные знаки полны энтузиазма, спонтанны и эксгибиционисты. Им необходимы возбуждение и множественные оргазмы, чтобы дополнить и удовлетворить их экстравагантный секс.

Земля: Телец, Дева и Козерог
Земные знаки очень земные в плане сексуальности. Их очаровывает прикосновение, вкус и запах. Тельцы любят секс, который длится долго. Дева - любительница экспериментов. Козерог более открыт для интенсивного секса. Все трое очень филины. Для них очень важна еда, материальные и осязаемые блага. Они чувственны, требовательны и нуждаются в прелюдии, чтобы максимально повысить свое либидо.

Воздух: Близнецы, Весы и Водолей
Воздушные знаки увлечены идеями, диалогами и мозговыми провокациями. Все воздушные знаки нуждаются в первоначальном возбуждении через общение. Они экспериментируют с

различными способами занятий
любовью, чтобы удовлетворить свои
эксклюзивные сексуальные потребности.

Вода: Рак, Скорпион и Рыбы
Водные знаки проявляют наибольший
энтузиазм в сексе. Сексуальность Рака
проистекает из его потребности в
воспитании. Скорпиону необходимо быть
желанным, а романтичные Рыбы
идеализируют страсть. Все три водных
знака чрезвычайно сексуальны и
чувствительны. Они сексуально сильны,
предаются ярким фантазиям и
астральному сексу.

Овен

Овен ориентирован на действие. Их восприятие острое, и он склонен следовать своим импульсам и интуиции. Он быстро учится, очень любопытен, креативен и энтузиаст. По своей природе конкурентоспособен и постоянно оценивает границы своих возможностей.

Он любит принимать всевозможные вызовы, но иногда ему хочется мгновенного удовлетворения. В результате не всегда удается довести свои проекты до конца. Его потребность всегда быть первым делает его напористым, агрессивным и прирожденным лидером.

Овен будет следить за каждым, кто привлек его внимание. Жизнь и секс для Овна — это состязания, и неважно, что призом будет всего лишь поцелуй, он хочет победить.

Все огненные знаки обладают интуицией и вдохновением, Овен - первый огненный знак и лидирует в группе по страсти и энергии. Овен всегда наготове, изучая, кого он может очаровать и соблазнить, чтобы играть в его команде. Овен хочет, чтобы его огненная энергия горела вместе с кем-то, и, как игривый баран, он ищет партнера для игры.

Он любит покорять, но не доминировать. Он деликатен, не агрессивен, то есть чрезвычайно восторжен, и он приветствует того, кто его соблазняет, даже если поначалу он демонстрирует отсутствие интереса. Если отсутствие интереса у вашего потенциального партнера действительно является отказом, вы быстро уйдете к более вероятной перспективе, но пока вы не получите этого сообщения, вы будете бороться до конца.

Овен целеустремлен и агрессивен. Импульсивный в худшем случае и безрассудный в лучшем — это признак того, что он общительный и нетерпеливый. Они должны быть первыми во всем, первыми приходить на прием и первыми достигать оргазма. Овны хотят всего и сразу. Порывистые и смелые, их либидо всегда находится в состоянии боевой готовности, и они обожают сексуальные испытания.

Овен не является неуправляемым знаком, и обычно его характер не взрывоопассн, но кусаться и драться - чрезвычайно привлекательные и сексуальные занятия для Овна. Ему нравится стремление к сексу, как к действию. При всей своей огненности он нуждается в большом количестве восторженных контактов, милые объятия или скромные ласки не удовлетворяют Овна. Перейти от секса на одну ночь к постоянным отношениям - сложная задача для Овна. Овен будет четко понимать это, но вас можно убедить поддерживать огонь, если между вами достаточно страсти.

Овен в постели

Овен энергичен и агрессивен, любит бросать вызов, гоняться за новыми романтическими увлечениями и излучает сексуальную привлекательность. Его подход к жизни и сексуальности — это "все или ничего", и он не любит, когда его заставляют ждать.

От природы нетерпеливый и импульсивный, он знает, чего хочет, и гордится своим мастерством под одеждой, в сексуальном плане он огненный шар и, когда возбужден, может быть более пылким и волнующим, чем любой знак зодиака, кроме Скорпиона. Его самолюбие весьма ранимо, и лучшим способом ухаживания за ним является лесть. Он обычно открыт для прямого разговора, но человеку, который глупо и критично оценивает его поведение в постели, следует очень осторожно выбирать слова. Для Овна малейший намек на то, что его сексуальный акт не столь совершенен, может оказаться губительным.

Овна возбуждает не только охота, но и завоевания. Он бесстрашен, и его выносливости хватает на всю ночь. В поисках сексуального удовольствия он любит разнообразие, эксперименты и новизну.
Открытая пара - необходимость для Овна, потому что скука — это проклятие. Хотя для Овнов важна эротика, душевная связь в постели также важна.

Ничто не возбуждает его быстрее, чем партнерша, которая застает его врасплох в
спальня. Ему нравятся непристойные игры, и он желает, чтобы любовник-энтузиаст бросал ему вызов как в умственном, так и в физическом плане. Хотя эмоциональные игры запрещены в мире Овна, он любит интеллектуальные и физические.

Овну, любящему быть первым во всем, нравится заниматься любовью рано утром. Вы не стесняетесь пробовать новое, и чем необычнее и интереснее новшества, тем больше они Вам нравятся. Любите маленькие подарки, особенно секс-игрушки, предназначенные для усиления удовольствия. Голова - Ваша самая сильная эрогенная зона, поэтому поглаживание волос и растирание кожи головы расслабляет Вас и усиливает ощущения.

Вы процветаете за счет динамики и неожиданности, и прорывы смелого и изобретательного любовника, который случайно захватывает Вас, обеспечивают Вам гарантированное зажигание. Вы - исполнитель, а не мечтатель. Ваши фантазии, если они у Вас есть, происходят в Вашей голове и не кажутся Вам фантазиями. Ваша склонность драматизировать свою жизнь и представлять себя мифологическим героем — это не спектакль, а неотъемлемая часть вашей сущности. Сексуальные ролевые игры мало привлекательны для Вас, потому что единственный персонаж, который Вам интересен, — это Вы сами. Для Овна секс сам по себе, без какой-либо личной связи,

— это определенное упущение. Вы любите секс и хотите, чтобы он был острым, волнующим и веселым. Однако даже в отсутствие большой страсти и преданности Вы ожидаете искренней теплоты и чувства товарищества между Вами и Вашим партнером.

Овен ненавидит всех, кто является универсальной секс-машиной, человек, который занимается любовью ради того, чтобы заниматься ею, не обращая внимания на удовольствие, к которому это приводит, не привлечет Овна. Овен любит секс, но восхищается чувством товарищества. Без этого опыт не будет ни удовлетворительным, ни веселым.

Сексуальные ролевые игры также являются соблазном для Овна. Ему нужны телесные переживания без особых прикрас. Овнам нужны свет, камера, действие и драма в их жизни. Им нравится быть хозяевами как в доме, так и в постели.

Человек знака Овна

Овен - мужской знак. Вы всю жизнь будете сохранять юношеское обаяние. У мужчины-Овна, даже если он не очень спортивен, всегда будет спортивная одежда. Он всегда будет знать, где найти для вас интрижку, и все до брака будет приключением.
Некоторые мужчины-Овны могут выглядеть наглыми, но под их кожей скрывается большая чувствительность. Овнам не свойственна сентиментальность, но они умеют защищаться. Защищать человека, даже если это приводит к драке в перчатках, для Овна очень увлекательно.

Изменения темперамента характерны для мужчин-Овнов, они не то, чтобы полны ярости, но испытывают гнев каждый раз, когда кто-то разочаровывает их, и они не получают желаемого партнера. Но они избавляются от проблемы и переходят к следующему поиску.
У мужчин-Овнов эрекция наблюдается 80% времени, в том числе и во время сна.

Они уязвимы в сексуальном контакте, поскольку не очень хорошо чувствуют свою чувственную и эмоциональную сторону и больше озабочены тем, чтобы соответствовать своему образу мачо, чем сексуальными потребностями партнерши.

Эротическая зона мужчины Aires находится вокруг его головы и лица. Если вы заметили, что он нетерпелив к проникновению, держите его в состоянии боевой готовности, стимулируя его губы, лицо и веки. Проведите языком по его скулам, глубоко поцелуйте его и прошепчите ему на ухо эротические фантазии. Сядьте на его торс и сильно прижмитесь к нему тазом, затем переместитесь на его лицо и позвольте ему погладить ваш клитор.

Женщина знака Овна

Женщина знака Овна рождена лидером. У нее много энергии, которую невозможно ограничить, чтобы быть милой, приятной девушкой. Эти женщины обладают сильным либидо и не хотят тратить время на ожидание преследования, они смело делают первый шаг и приходят в восторг, когда его принимают. Они смело идут вперед, когда их отвергают.

Они склонны к спорту и постоянно активны. Если вы случайно встретите застенчивую женщину-Овна, то можете быть уверены, что в постели ее дикая натура вырвется на свободу, и вам будет полезно стремиться и добиваться этого застенчивого Овна.

Женщина-Овен обладает хорошим чувством моды, не привередлива, любит простое и сексуальное белье черного или красного цвета. У женщины-Овна жесткая внешность и мощная сексуальная сладость внутри. Она не стесняется и с удовольствием занимается сексом в необычных местах. Спать голышом после занятий любовью -

обычное дело для женщины-Овна, так как пижама стоит между рукопожатиями.

Когда женщина-Овен заводится, у нее мощный двигатель, и она обращается к своему партнеру с чистым восторгом физической страсти. Она может желать большего, чем просто секс на одну ночь, но, если между вами недостаточно сексуальной энергии, она без особых проблем уйдет. Женщине-Овну просто неинтересно иметь дело с человеком, который не может сравниться с ней по накалу страстей.

Под жесткой внешностью женщины-Овна скрывается девушка, которую легко ранить. Эго Овна нуждается в ласке, и особенно ей нужны комплименты и заверения в том, что ее сексуальность иногда лучше всего подходит для вас. Именно сексуальное завоевание возбуждает женщину-Овна, если ее игнорируют или отвергают, она будет еще сильнее стремиться заполучить вас, и она это получит.

Женщина-Овен процветает в сложных, стремительных отношениях, где адреналина много, с такими же импульсивными, порывистыми и сильными мужчинами. Она всегда ищет того, кто согласится с ее потребностью быть первой во всем, даже если это происходит в душе.

Когда женщина-Овен говорит, что хочет секса в определенное время, она так и говорит, это не может быть позже.

Основная эротическая зона женщины-Овна начинается на кончиках ушей. Традиционно Овен управляет головой, поэтому начните с нежного покусывания мочек ушей. Затем вместе с вами языком ласкайте его уши, чередуя с каким-нибудь комментарием его любимой эротической фантазии. С этим нужно быть быстрым, потому что, если она не остынет или не заскучает. Вам следует встать на колени или на ноги и потереться своими гениталиями о ее виски, чтобы она получила настоящую дозу адреналина.

Сексуальные сценарии для Овна

Для знака Овна нет лучшего места или обстановки для секса, потому что больше всего он ценит сам акт, а это может произойти где угодно. Овен может заниматься сексом во время сборища или вечеринки, во время приготовления пищи или стрижки газона, или купания на пляже.

Этот знак умеет воспользоваться любой возможностью заняться сексом, и идеи внезапно приходят в голову. Он ненавидит рутину и не планирует. Ему нравится метаться, даже если это происходит за кустом, в грязи или под дождем. Ему нравятся вызовы, и главным фактором в постановке сексуальной сцены являются желания, все остальное вторично.

Сексуальное поведение Овна с другими знаками Зодиака

Овен и Овен

Этот союз редко бывает скучным и спокойным. Ваши ночи будут наполнены страстью и романтикой, а дни - вечным общением. Однако чувство пары может оказаться под угрозой из-за столь сильного огня и конкурентной сущности обоих.

В этом союзе неизбежны ссоры, но эти два огненных знака хорошо сочетаются и будут сильными партнерами. Они могут идти в ногу друг с другом и понимать их бурные желания. Единственный недостаток - им придется договариваться о том, кто будет лидером. Для этого они должны чередоваться. Хотя время от времени они могут сталкиваться головами, это может сделать отношения более веселыми и разжечь страсть в постели.

Овен и Телец

Несмотря на различия в характере, они дополняют друг друга. Телец спокоен и привносит в жизнь Овна стабильность и безмятежность. В постели Овен поведет застенчивого Тельца в новые эротические миры сексуального удовольствия. Если и возникают какие-то конфликты, то только потому, что Овен требует свободы, а Телец склонен к собственничеству.

Традиционно стихия огня в сочетании с землей - не самое простое сочетание, но Овен зажигает и отвлекает Тельца. Эта пара может быть горячей, поскольку Тельцу нравится адреналин, который предлагает ему Овен. Эти отношения хороши для секса на одну ночь, так как со временем бешеный темп Овна начнет раздражать Тельца. Овен расширит сексуальный репертуар Тельца до предела - оба знака сильны телом и обладают необычайно сильным либидо.

Некоторое время они будут наслаждаться своим несоответствием. Отношения продлятся недолго, но это будет история любви, о которой можно рассказать.

Овен и Близнецы

Эти два знака постоянно активны и обладают неутолимой тягой к новым впечатлениям, им редко бывает скучно. Некоторые различия могут возникнуть из-за того, что Овен испытывает сильный энтузиазм, а Близнецы не так серьезно относятся к любви и сексу. Однако оба они любопытны и открыты для участия в сексуальных играх.

Огонь и воздух в сочетании означают бесконечное сексуальное разнообразие. Сочетание этих знаков может истощить любого другого.
Овен будет рад повести Близнецов за собой в пылкие отношения, а Близнецы с радостью последуют за ним.

Оба знака трудолюбивы, сексуально активны и верят в физические удовольствия. Эти два знака совпадают друг с другом по радости, но Овен более восторжен, чем Близнецы. К сожалению, поверхностные Близнецы могут обмануть Овна, заставив его думать, что есть любовь, когда Близнецы обманывают.

Овен и Рак

Огонь и вода не очень хорошо сочетаются, но между ними может возникнуть сильное физическое притяжение и психическая связь. Оба они огненные, чувственны и романтичны. Эти знаки очень совместимы в сексуальном плане. Однако если Рак становится слишком эмоциональным, то невозмутимый Овен может потерять терпение и уйти.

Овен может вскипятить воду Рака, но не следует забывать, что вода может потушить огонь. Эта комбинация не так

уж горяча, поскольку сексуальная
энергия каждого знака требует
совершенно разных стимулов. Овен -
знак, живущий моментом, а Раку нужен
постоянный поток историй, чтобы
чувствовать себя достаточно комфортно
для интимной близости.

Такое сочетание может работать какое-то
время, но на самом деле эти два знака не
гармонируют. Овен считает Рака
слишком трудолюбивым, а Рак - Овна
слишком бесчувственным.

Овен и Лев

Темпераментный партнер, но сексуально
совместимый. Лев - верный и любящий, а
Овен - динамичный и волнующий. Оба
целеустремленны и озабочены одними и
теми же проблемами.

Овну нравится побеждать, а Льву
необходимо властвовать. Этот вариант
лучше всего работает, когда Овен
позволяет Льву играть роль начальника.

Овен и Лев дополняют друг друга, поскольку относятся к одной стихии.

Этим двум знакам присуще соперничество, которое распространяется и на постель. Кому-то придется уступить. Обычно это будет Лев, потому что он почувствует, что это великодушный поступок. Это сочетание хорошо для коротких, горячих отношений. Но это не значит, что после того, как все будет готово, не может возникнуть долгосрочных отношений.

Овен и Дева

Овен темпераментен и искренен, а Дева сдержанна, что мешает ему справляться с эмоциональными сценами. Дева излишне критична, чего Овен терпеть не может, а склонность Девы к анализу приводит Овна в ярость.

Тем не менее, под свежим обликом Девы пылает страсть, а горячий, сексуальный

Овен знает, как ее выпустить. Это невыносимое сочетание, которое не удовлетворяет ни один из знаков. Стихии этих знаков - огонь и земля, поэтому у Овна и Девы совершенно разные потребности. Дева нуждается в тщательном и детальном планировании, а Овен ненавидит все, что пахнет расписанием и рутиной. Дева будет пытаться организовать Овна, а Овен будет с удовольствием ломать тщательно разработанные Девой планы. Это скорее сочетание разрушения, чем союз.

Овен и Весы

Взаимодействие между этими двумя знаками очень сильное. Занятия любовью будут не только приятными, но и взаимно полезными. Оба знака любят веселье, общительны и любят активную социальную жизнь. Однако Овна может расстроить рассеянность и нерешительность Весов, а Весы, в свою очередь, могут почувствовать давление со стороны Овна, принимающего решения очень быстро.

Эти огненный и воздушный знаки соответственно являются противоположностями и поэтому притягиваются друг к другу. В этих отношениях много эротики и невероятный потенциал роста.

Хотя каждый из них разжигает пламя другого, это не значит, что конфликтов не бывает, но они мотивируют хороший секс и много творческих искр.

Овен и Скорпион

В сексуальном плане эти два знака совместимы, поскольку оба полны энтузиазма, энергичны, сильны и авантюрны. Однако Овен склонен рассматривать любовный акт как захватывающий, приятный и веселый, в то время как Скорпион с его интенсивностью всегда стремится к более глубокой связи, преображающей духовно и эмоционально.

Это горячая комбинация, слишком горячая. Несмотря на то, что стихии огня и воды у них разные, Овен и Скорпион могут забраться туда, куда большинство людей и подумать не смеет.

Они бесстрашные воины секса, и ни один из них не струсит перед любым сексуальным вызовом. Если Овен хочет заняться любовью в машине, Скорпион предлагает сделать это в общественном туалете. Если Скорпион хочет заняться любовью на пляже, Овен предлагает сделать это под дождем в общественном парке.

Секс между этими знаками подразумевает много творческого и развратного эротизма. Не все Овны и Скорпионы являются сексуальными гигантами, но потенциал у них есть. Этим знакам нравится исследовать доминирование и подчинение. Через некоторое время отношения между этими знаками обычно не выдерживают, поскольку они слишком горячие и собственнические.

Овен и Стрелец

Эти огненные, индивидуалистичные знаки очень привязчивы, их отношение к любви, сексу и интимным отношениям подтверждает их признательность. Физически и психически они хорошо связаны друг с другом. Однако Овен, как правило, более эмоционален и может считать благодушного Стрельца отстраненным и вульгарным.

У этих двух знаков особенно хороший характер, оба они огненные, и каждый помогает другому чувствовать себя комфортно. Когда они соединяются, то сталкиваются со своей немалой долей жизнелюбия и похоти и с удовольствием играют вместе. Овен может быть лидером, но Стрелец редко чувствует себя доминирующим. Если Стрельцу что-то не нравится, он просто берет и уходит.

Овен уважает нетерпимость Стрельца к обязательствам в жизни.

Оба знака не воспринимают жизнь слишком серьезно, что отражается на хорошем оживлении в постели. Преимущество таких отношений в том, что каждый знает, как избежать скуки.

Овен и Козерог

Эти два знака - романтичные, импульсивные и осторожные друзья. Козерогам предстоит преодолеть немало препятствий, поскольку в социальном плане они склонны к сдержанности, в то время как Овны - экстраверты.

Несмотря на свою асексуальность, Козерог обладает одним из самых сильных либидо во всем Зодиаке, и его чрезвычайно возбуждает сексуальная привлекательность Овна. Эта комбинация похотлива, но несколько сложна. Если они сведут ориентацию к тому, что происходит под одеялом, Овен и Козерог смогут хорошо провести время.

Это лидирующие знаки, с очень несхожими планетарными регентами: Марс и Сатурн. Область конфликта в этих отношениях - ритм. Овен не любит подолгу исследовать чужую анатомию, ему все равно, кто знает и видит его сексуальные наклонности.

Козерог содрогается от такой нескромности. Козерог хочет общаться с миром, а Овна интересует только руководство миром. По возможности держите эти отношения в секрете, и вы получите массу удовольствия от страсти.

Овен и Водолей

Каждый из этих знаков привносит в жизнь другого дополнительные эмоции и непредсказуемость. Вспыльчивый и демонстративный Овен втайне мечтает, чтобы влюбленный Водолей был более энтузиастом. Однако недостаток страсти с лихвой компенсируется любовью

Водолея к стремлению пробовать новое как в спальне, так и за ее пределами. Огонь и воздух этих двух знаков вызывают у них взаимное возбуждение. Это не самое горячее сочетание, поскольку Овен очень ориентирован на личность, а Водолей - на общество.

Овну не хватает отстраненной свежести Водолея, и он может проводить бесплодные ночи, пытаясь пробудить страсть, которая является дыханием жизни для Овна. Между этими двумя знаками страсть может быть мгновенно горячей, потому что вы оба понимаете свои неустойчивые импульсы, но в конце ночи творческая искра, не настолько горяча, чтобы надолго стать хорошей парой.

Овен и Рыбы

По темпераменту они совершенно разные, но их различия дополняют друг друга. Неземные Рыбы привлекают романтическую сторону натуры Овна, а

Овна соблазняет потребность Рыб в защите.

Овен отстраняется от эротических фантазий и инстинктивной сексуальности Рыб, но дерзость Овна может ошеломить застенчивых Рыб. Эти знаки принадлежат к стихиям, которые несовместимы, - огонь и вода. Вы можете работать вместе, потому что Овен компенсирует недостаток энергии Рыб. Овну нравится доводить Рыб до глубины физической страсти. У Рыб есть свой исключительный способ сексуального поведения, но он не такой горячий, как у Овна. Вы оба можете получать удовольствие, и это сработает, поскольку они принадлежат к разным планетам.

Стоит ли влюбляться?

Когда вы рождаетесь, это чистая книга.
Мы приходим в этот мир без заранее
продуманных идей, мы не поддерживаем
какую-либо позицию, у нас нет религии,
мы не принадлежим ни к какой
политической партии. Когда приходит
время уходить, в этой книге исписаны все
страницы.

В книге нашей жизни самые интересные
главы чаще всего связаны с нашим
любовным опытом. Любовь, волнующая
и стимулирующая, сложная и трудная,
всегда полная необычных моментов и
смятения, страсти и тревоги; но и многих
промахов. Иногда случается так много
любовных разочарований, что мы
задаемся вопросом, а стоит ли любовь
того? И если бы у нас была возможность
отправиться в прошлое, мы бы
переписали некоторые страницы этой
книги, чтобы действовать по-другому и

избежать некоторых из тех несчастливых моментов.

Все вышесказанное - ошибка, потому что, когда мы дарим любовь, она никогда не пропадает зря. В любом случае, лучше оглянуться назад с благодарностью за предоставленную нам возможность любить. Ошибочно думать, что любовь следит за нами и беспокоится о том, выиграли мы или проиграли, и даже если отношения заканчиваются разочарованием, любовь всегда дает жизнь. Мы никогда не должны любить, ожидая, что наши отношения закончатся в стиле диснеевских сказок, мы должны любить с уверенностью, что любовь — это подарок, который всегда стоит дарить. Если мы любим, думая именно так, то печальный финал никогда не сможет лишить любовь ее ценности, потому что любовь — это наша инвестиция в душу другого человека, независимо от результата. Любовь — это то, что мы призваны дарить, не ожидая ничего взамен.

К сожалению, видя такое количество разрушенных браков, неблагополучных отношений, распавшихся семей, неизбежно приходишь к мысли, что любить не стоит. Если ваши сомнения проистекают из всего этого социального хаоса, то они вполне обоснованны. Однако нельзя игнорировать бесчисленные влюбленные души, столетия искусства, поэзии и других форм выражения любви, и, хотя романтическая любовь иногда преувеличивается, это не отменяет ее ценности.

Если вы скептически относитесь к любви, рассудите, что ее смысл не в том, чтобы "мы будем счастливы вечно". Любовь заставит вас утонуть в болоте, ударит вас по лицу и оставит вас хрупким. Однако высшая точка любви больше, чем морские глубины. Влюбленность стоит того, потому что любовь реальна, и она все еще существует.

В нашем обществе многие люди не имеют представления о том, что такое настоящая любовь. Современная индустрия развлечений создала очень извращенное представление о любви, и это засорило сознание многих людей. Не способствуют этому и социальные сети: ими пользуются в основном "молодые взрослые", которые зачастую плохо понимают, что такое любовь, и все искажают.

Никогда не забывайте любить, потому что влюбляться — значит принимать жизнь, наслаждаться каждым мгновением и быть уверенным в том, что мы творцы. Поэтому не пытайтесь переписать книгу, а, наоборот, порадуйтесь за всех тех людей, с которыми вы разделили особые моменты. Эти страницы - настоящий подарок к старости.

Овен

Мощный и харизматичный, Овен, первый знак Зодиака, когда дело касается любви и романтики, питается огнем, своей природной стихией.

Известный своим непредсказуемым темпераментом и миловидностью, Овен многогранен в любви.

Отчасти успех Овна объясняется его магнетизмом и природными способностями, которые он привлекает своим врожденным энтузиазмом и оптимизмом, наполняя все свои отношения заразительной радостью жизни.

Будучи таким амбициозным знаком, неудивительно, что Овен стремится к идеальным отношениям. Овен может сказать, что идеальные отношения — это те, в которых нет ссор, но на самом деле этот знак больше удовлетворен захватывающей дозой напряжения. Он любит побеждать, и конкуренция заставляет его проявлять свои лучшие качества.

Если Вы хотите, чтобы он был увлечен, обязательно признавайте его победы. Все огненные знаки (Овен, Лев и Стрелец) нуждаются в аудитории, но Овен смелее всех проявляет свою потребность в одобрении, и у вас всегда будут счастливые отношения с напористым Овном, если вы будете заканчивать каждое слово восклицательным, а не вопросительным знаком.

Самолюбие Овна - часть его космической конфигурации, иногда он может быть высокомерным, но его самолюбие — это не плохо. По сути, весь Зодиак начинается благодаря уверенности Овна в себе. Жизнерадостный дух Овна бодрит и вдохновляет, но он может быть непростым, поскольку Овен требует постоянного внимания, которое, если им не управлять, может истощить вас. Парам с Овном важно научиться говорить "нет", даже если для этого придется иногда мириться с истериками.

Следует помнить, что Овны всегда проверяют границы дозволенного, поэтому не удивляйтесь, если Ваш партнер-Овен время от времени говорит или делает что-то неподобающее. Это их способ измерить, что можно, а что нельзя, поэтому, если Ваш партнер-Овен делает что-то не так, не забудьте сразу же сказать ему об этом.

Этот огненный знак уважает личные границы, поэтому, поняв параметры их отношений, он обязательно будет выполнять ваши требования.

Овен нуждается в заботе и постоянной поддержке, и несмотря на то, что он производит впечатление сильного, он очень деликатен, поэтому, если вы готовы играть роль эмоционального аниматора, ваш партнер-Овен будет вам бесконечно благодарен.

Овен чрезмерно амбициозен и хочет быть частью пары, которая блистает и наедине, и на публике, однако если стремления пары Овна превосходят его самого, этот огненный знак становится немного завистливым. В этом случае не стоит переживать, просто найдите возможность отметить его достижения, и он обязательно засияет от благодарности.

Играть в игры в любви не рекомендуется, но с Овном все обстоит иначе, поскольку ему нравятся вызовы. Однако не стоит прибегать к манипуляциям, поскольку Овен прямолинеен, и нет ничего более ненавистного для него, чем быть осмеянным. Вы можете шутить и быть игривыми, но в конце концов убедитесь, что вы всегда делаете это с честными намерениями.

Овен любит комфорт и ценит стиль, поэтому, если Вы ищете новые способы привлечь его внимание, не бойтесь выделиться, его привлекают смелые модные решения, яркие цвета и бесстрашные узоры. Несоответствия захватывают его горячее сердце, а поскольку он любит радость, то, если он заметит, что Вы веселитесь, это сразу же вызовет к Вам симпатию.

Овна обуревает страсть, поэтому, когда речь идет о долгосрочных отношениях, очень важно находить новые и захватывающие способы поддерживать пламя любви в постоянном состоянии.

Для Овнов важен секс; физический контакт гарантирует Овну удовлетворение. Они всегда хотят чувствовать, что отношения — это выбор, а не обязанность, поэтому они будут поддерживать искру в отношениях, наполняя их приключениями, драматизмом и, конечно, время от времени ссорясь. Ссоры, помните, полезны для Овнов, так как они поддерживают огонь в ваших отношениях, и, если у вас когда-либо были длительные отношения с Овном, вы уже знаете, что в какой-то момент эти отношения приходят к перепутью.

Поскольку Овен склонен погружаться в перевернутые отношения, для него важны моменты размышления, так как ему нужна свобода, чтобы обдумать последствия своих долгосрочных обязательств. Поэтому Вы должны дать ему возможность взвесить свои возможности и прийти к какому-то решению.

Немного поразмыслив, ваш партнер-Овен, несомненно, вернется к отношениям более возбужденным.

Овен и Овен в любви

   Когда Овен соединяет Овна с Овном, он думает об атомной бомбардировке. Это действительно мощная сила. Сочетание Овен-Овен — это доза нетерпения, умноженная на десять, и каждый из них будет постоянно требовать от своего партнера безопасности и стабильности. К счастью, они понимают друг друга, поэтому, если они готовы, и каждый из них будет бережно относиться к чувствам другого и давать ему свободу, конечно, не становясь эмоционально отстраненным, это могут быть отличные долгосрочные отношения, наполненные весельем, приключениями и страстью.

Единственное препятствие в этих отношениях - борьба эго, Овну свойственно соперничество, и ему трудно отказаться от того, чтобы быть лучшим в чем-то. Это будет основной проблемой, над которой нужно работать, чтобы сделать отношения стабильными.

Эта пара представляет собой встречу двух энергичных духов, и в целом это позитивные отношения. Обоих привлекает желание попробовать что-то новое, но они должны научиться сходиться.

Овнам свойственно природное великодушие, поэтому они должны научиться чередовать, чтобы удовлетворить свои вкусы. Овны прозрачны в своих чувствах, и это помогает двум Овнам никогда не относиться друг к другу с фальшью или лицемерием. Когда Овны влюбляются, они представляют собой прекрасную пару, которой можно доверять. В паре, состоящей из двух Овнов, не бывает скуки. Их способность компенсировать несоответствия делает их отношения пламенными и взаимопроникающими.

Овен и Телец в любви

Когда Овен и Телец встречаются вместе, не следует забывать, что Телец явно упрям, а когда Овен чувствует вызов, он может быть чрезвычайно упрям. В этом случае они могут столкнуться, породив титанический конфликт.

Однако в отношениях Овна и Тельца присутствует невероятная страсть. Овен любит, когда за ним ухаживает одинокий Телец, а Телец ценит хитрый подход Овна к жизни. Для обеспечения таких отношений обоим необходимо чувствовать себя комфортно и защищенно.

Это могут быть отношения, в которых вы оба многому научитесь: Телец может научить Овна контролировать свои непрактичные импульсы, а Овен может научить Тельца быть более авантюрным. Телец утончен, конформен и внимателен. Овен чувствует себя поглощенным этими способностями. Овен воспринимает Тельца как своего сотрудника, абсолютно стабильного. Телец воспринимает Овна как человека, умеющего пользоваться жизненными возможностями.

Если оба знака помнят об этой игре, то такие отношения могут быть чрезвычайно романтичными.

Овен и Близнецы в любви

Овен и Близнецы игривы, спонтанны, но оба легко скучают. Этим знакам требуется много стимулов, но эта пара прекрасно умеет поддерживать интерес каждого из них. Эти двое всегда с удовольствием отправляются в совместные поездки на выходные, устраивают вечеринки и вдохновляют друг друга. И Овна, и Близнецов легко развлечь, поэтому этим двум знакам необходимо занимать себя сверхурочно, чтобы не допустить разрыва отношений.

Здесь важно помнить, что отношения — это не только отдых, смех и игры, но и ответственность, и посвящение.

Овен и Рак в любви

Овен и Рак — это немного противоречивые отношения. Рак очень чувствителен, и может возникнуть конфликт, когда Овен почувствует, что его огонь потушен слабостью Рака. Однако Овен и Рак - творцы, поэтому, работая вместе, они стимулируют друг друга к полному раскрытию своего потенциала. Овен - лидер, который всегда спешит навстречу любым испытаниям, а Рак втайне руководит ими благодаря эмоциональному мастерству и умению просчитывать ситуацию. Если оба партнера относятся друг к другу с любовью, то это может привести к очень длительным отношениям.

Овен и Лев в любви

Овен и Лев, объединившись, ярко горят. Овен и Лев полны энтузиазма, динамики и жизни, поэтому, когда они связаны романтическими отношениями, их невозможно остановить. Овну и Льву нравится освежать пламя друг друга яркими проявлениями привязанности и вихрем драматизма. Несмотря на это, в паре могут возникать проблемы, когда Лев разочаровывается в детской вспыльчивости Овна, а Овну становится

не по себе от громоздкого снобизма Льва.
Однако пара Овен-Лев очень весела, и
вместе они составляют прекрасное
сочетание.

Овен и Дева в любви

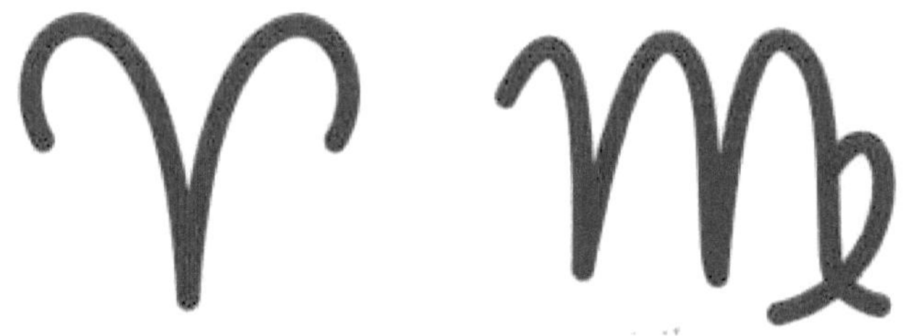

Овен и Дева - редкая пара. Дева -
скрупулезная, тщательная и чрезвычайно
скрупулезная. Овна, напротив, не
волнуют мелочи. В паре Овен-Дева
наблюдаются серьезные приступы
привычек. Дева может
проинструктировать себя с Овном и
научиться расслабляться, а Овен - понять,
что во внимании к мелочам нет ничего
адского. Если и Овен, и Дева будут
относиться друг к другу с пониманием и

послушанием при их несовместимости, можно создать эффективные отношения.

Овен и Весы в любви

В Зодиаке эти два знака противоположны: Овен - знак "я", а Весы - знак "мы"; Овен - борец, а Весы - гармония. Овен - созидатель, а Весы - интеллектуал. Однако, объединившись в братство, они образуют необычайно динамичную пару, с сильным сексуальным притяжением. Отношения Овна и Весов — это противовес, поддерживающий каждое из их лучших качеств. Весы ценят гармонию в союзе и сделают все возможное, чтобы ее сохранить. Каждый из них вносит в отношения то, чего не хватает другому, достигая удивительной гармонии.

Овен и Скорпион в любви

Овна и Скорпиона объединяет невероятный энтузиазм, но разные способы проявления энергии. Овну нравится погружаться сразу в бой, а Скорпион предпочитает создать свое пространство и наблюдать за ним издалека. Однако, несмотря на их несовпадение, отношения Овна и Скорпиона отличаются отстраненностью и огромным количеством секса, поскольку эти теплокровные любовники. Их связь очень полна энтузиазма и часто вызывает споры, поскольку оба партнера обладают ревнивыми наклонностями.

Овен и Стрелец в любви

Это привлекательные отношения. Овен зажигает свечу, а затем передает ее Стрельцу, который использует ее для создания деревенского огня. Стрелец — это мощный уголек, энергия которого усиливает пыл самого Овна. Эти двое неуправляемы. Однако им следует быть слишком осторожными, поскольку такие отношения чреваты несчастными случаями: Овен всегда торопится, а Стрелец склонен смотреть на все, кроме очевидного. Поддерживать эти отношения довольно сложно, поскольку

у вас обоих много энергии, чтобы
начинать новые дела, но мало мотивации,
чтобы продолжать их. Овен более
чувствителен, чем праздничный Стрелец,
поэтому вам обоим нужно обязательно
прислушиваться друг к другу и оказывать
друг другу поддержку.

Овен и Козерог в любви

Овен и Козерог, на первый взгляд, могут
показаться несколько несхожими. На
Овна влияет первоначальный импульс, в
то время как Козерог, несомненно, самый
трудолюбивый знак Зодиака,
стимулируется долгосрочным успехом.
Фактически Козерог медленно
поднимается к вершине, в то время как

Овен прокладывает себе путь быстро. Эти два знака имеют неодинаковые способы взаимодействия с миром, но в паре они могут работать очень хорошо. Эффективному Козерогу нравится позиция Овна, а торопливый Овен ценит необыкновенную точность Козерога, и это создает союз, который вдохновляет и приносит удовлетворение. Овен должен быть осторожен, чтобы не работать против Козерога, который, в свою очередь, должен стараться не увлажнять пылкую душу Овна.

Овен и Водолей в любви

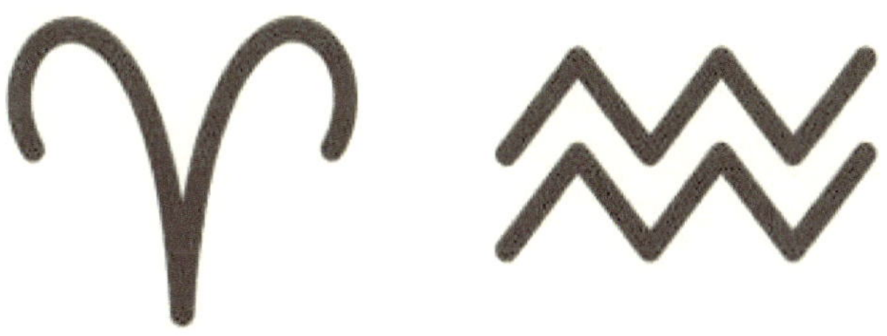

Овен и Водолей могут иметь длительные отношения. Овен - чрезвычайно твердый и спонтанный знак, но он несколько меняет свою форму в отношениях с Водолеем - знаком, известным своей отстраненностью и холодным состраданием. Однако именно Овен из кожи вон лезет, чтобы адаптировать Водолея. Оба знака ценят свободу, но склонность Овна к собственничеству может заставить Водолея защищаться. Несмотря на то, что между ними существует особая связь, они смотрят на мир разными глазами. Когда Водолей рядом с ним, Овен будет стараться мыслить свободно, и, хотя, конечно, будет период адаптации, их отношения очень очаровательны.

Овен и Рыбы в любви

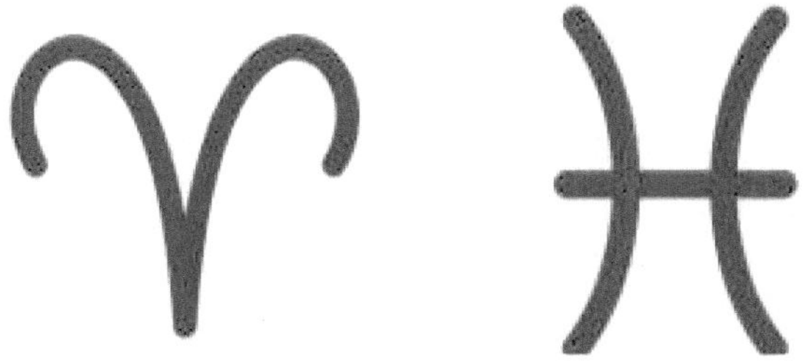

Овен и Рыбы - необыкновенное сочетание. Как первый и последний знаки Зодиака, они образуют мощный кармический дуэт, основанный на мудрости, разуме и интуиции. Овен безмятежен с бальзамической энергией Рыб, а мягкие Рыбы наэлектризованы огненным духом Овна. Рыбы глубоко понимают Овна, и это может помочь облегчить любую проблему. Рыбы знают, как уберечь Овна от чрезмерного безрассудства.

Вместе они образуют динамичный дуэт, сочетающий в себе искренность Овна и интуитивную остроту Рыб. Хотя этим двум знакам необходимо уважать различия друг друга, у них есть особая возможность помочь друг другу понять всю полноту человеческого опыта.

Вместе вы сможете добиться положительного завершения любого плана, который вы решили начать. Им действительно есть чему поучиться друг у друга. Рыбы учат Овна сопереживать, а Овен показывает Рыбам, как реализовать свои мечты.

Когда они создают отношения, все идет очень хорошо для обоих, то есть они получают подпитку от своего союза. Они искренние люди в своих отношениях, и в конце концов природная острота, которой обладают Овен и Рыбы, поможет им обнаружить, что их отношения могут работать лучше, чем кто-либо может себе представить. Такому экстрасенсу, как Рыбы, нужен земной партнер, стоящий ногами на земле, и его можно найти в Овне.

Какой знак зодиака самый лживый?

Ложь не свойственна какому-то одному знаку Зодиака, она связана со многими элементами, психологическими. У каждого знака свой стиль лжи, и одни умеют врать лучше других.

Овны не очень хорошо умеют лгать. Им не хватает подозрительности, чтобы придумать легковерную ложь, хитрости, чтобы понять, когда они сказали правильно, и метода, чтобы следить за тем, что они сказали. Овны будут хитростью скрывать конфликты или вред, в которые их порывистая натура часто ввергает их.

Тельцы ненавидят ложь, так как знают, что она приводит к осложнениям; они лгут только в том случае, если говорить правду нецелесообразно или неразумно. А когда это происходит, они умеют лгать так, чтобы их не обнаружили. Прекрасным примером лживого Тельца является осужденный финансист Берни Медов.

Лучше всего лгать умеют Близнецы, так как благодаря их таланту общения, их трудно поймать, но это часто случается с ними, потому что они обычно не очень-то рассчитывают будущее. Лживые Близнецы склонны все время уточнять и дополнять рассказываемые ими истории.

Раки прекрасно лгут, но только себе, все наивные! Они скрывают мрачные ситуации и утихомиривают нелепые тревоги, которые мало кому открываются. Но время от времени для борьбы с более сильными страхами требуется более серьезная ложь, и тогда рак может быть вынужден врать не только себе, но и всем.

Все усложняется, когда Лео приходится говорить правду о себе, думать о своем имидже и ожиданиях аудитории. Маленькая ложь здесь и еще одна там для них не совсем ложь. Хотя доверять себе не стоит, потому что они легко могут состряпать ложь, не вызывая у вас ни малейшего недоверия. Самым известным лживым Львом нашего времени, несомненно, является Билл Клинтон.

Дева остроумно владеет словом; они знают, когда пора позволить лжи сделать свое дело. У них есть талант к обману, но, когда Дева произносит самую изощренную ложь, какая-то часть их самих хочет этого не делать. Когда они обманывают, они начинают защищаться и отказываются сотрудничать, если их спрашивают.

Ложь некрасива, но иногда правда ужасна, поэтому Весы часто вынуждены говорить неправду, они эстетичны! Однако, когда Весы увлекаются своей решимостью защитить других людей от неудобной реальности, они начинают скрывать истины, которые нам лучше знать.

Для Скорпиона грань между правдой и ложью очень тонка. Если они решат солгать, то их ложь будет разрушительно эффективной, и они даже получат от этого удовольствие. Некоторые Скорпионы рассматривают ложь как средство получения власти над другими. Стоит уточнить, что есть скорпионы, которые категорически, а иногда и чрезвычайно искренни. Ужасающим лжецом-Скорпионом был Чарли Мэнсон.

Наиболее часто Стрельцов критикуют за то, что они слишком честны, их честность может быть жестокой. Однако некоторых лжецов можно уличить в склонности давать обещания, которые они не могут выполнить. На самом деле Стрельцы хотят избежать ответственности за свои ложные обещания, поэтому, когда правда становится неоспоримой, они лгут или находят способ переложить вину на кого-то другого.

Козероги прекрасно умеют лгать, у них хорошо получается все, за что они серьезно берутся. Своими организаторскими способностями лжец-

Козерог может перевернуть ваши дела с ног на голову. К счастью, обычно они не слишком широко используют эти таланты лжи. Когда они лгут, они запутываются, и их ложь проистекает из нежелания признать, что они подвержены тем же человеческим недостаткам, что и другие. Лживый Козерог — это Тайгер Вудс.

Водолеи пришли на планету не для того, чтобы обманывать человечество, а для того, чтобы служить ему. Здесь-то и кроется проблема: человечество дремуче, и мы часто не замечаем великих истин, которые Водолеи считают своим долгом донести до нас. Поэтому время от времени приходится перегибать палку с более мелкими и обыденными истинами, чтобы донести до нас суть. Водолей понимает, что иногда необходимо подкорректировать истину.

Рыбы известны тем, что не распознают границы между правдой и фантазией. Если Рыбы решат солгать, то расскажут отличную историю и смогут солгать, не испытывая угрызений совести. Как правило, Рыбам не хватает собранности, самоконтроля и организованности мышления, необходимых для искусного обмана. Каким бы изобретательным и занимательным ни было их изготовление, в целом они обычно терпят неудачу.

Пока деньги не разлучат нас!

Уравновесить любовь и деньги крайне сложно, показано, что после того, как проходит период, когда все радужно, появляются экономические неувязки. Общение имеет первостепенное значение в любых отношениях, но денежный вопрос слишком чувствителен, и поэтому многие его избегают.

Технологии усугубили финансовые проблемы; участились денежные конфликты между супружескими парами, поскольку деньги каким-то образом стали неосязаемыми. Виртуальные операции и другие процедуры, заменившие наличные деньги, вызывают большие осложнения, так как контролировать и отслеживать финансовые операции становится сложнее. Семейные финансы - одна из основных составляющих отношений, и если они нездоровы, то в итоге разрушают союз. Деньги вызывают так много конфликтов, что после измены они являются второй причиной разводов и расставаний.

У всех нас разное воспитание и обычаи, и, вступая в брак, мы объединяем их с обычаями другого человека. Неравенство нашего образования не означает, что привычки одного человека плохие, а другого хорошие, они просто разные, мы должны их понять, оценить и решить, какие из них подходят для отношений.

Стереотипы, социальное давление, пропаганда культуры справедливости заставили семейные пары изменить свое отношение к экономическому бюджету. Сегодня очень трудно найти партнера, один из членов которого не выдавал бы новую покупку за старую, не говорил, что купил что-то со скидкой, когда это не соответствует действительности, не снимал деньги с накопительных счетов, не сообщая об этом, не имел тайных счетов или скрытых денег, не врал о долгах, не тратил деньги на детей, не делясь ими с супругами, и т. д.

Очень популярным и непонятным для меня является разделение финансов. Если мы вступаем в брак, то это происходит потому, что мы хотим единства, совместного проживания, мы создаем симбиоз двух людей, который гораздо эффективнее, чем чистая сумма частей; если мы разделяем финансы или возлагаем экономическую ответственность на одного из членов пары, то мы создаем разделение. В бесчисленных браках возникают сложности, когда деньги становятся дороже отношений. Разделяя свои деньги, вы тем самым сообщаете своей второй половинке, что не доверяете ей, а там, где нет ясности и уверенности, нет и будущего.

С астрологической точки зрения к самым финансово неверным знакам зодиака относятся Овны; у Овнов серьезные проблемы с управлением финансами, а поскольку они считают, что деньги созданы для того, чтобы их тратить, то скрывают от своих партнеров многие экономические операции. Весы любят жить не по средствам, когда они видят что-то, что им нравится, они, не задумываясь, покупают это, даже если у них закончились копейки, и прячут их в багажнике машины, если их обнаруживают, они говорят, что у них это было до свадьбы! Рак печально известен своей неспособностью избегать соблазнов, а пары с компонентом Девы, при всех их аналитических способностях, являются одними из тех, у кого больше всего банковских овердрафтов.

Наиболее прагматичными, дисциплинированными и честными в финансовых вопросах в этой паре являются Козерог и Рыбы.

Когда мы живем с другим человеком, мы должны искать наилучший способ распоряжаться деньгами, в нужный момент сообщать о своих договоренностях и разногласиях, поскольку сохранение обид и замечаний ничего не решает. Поведение авторитета и подчинения порождает асимметричные отношения, основанные на неравенстве, особенно когда человек обладает властью над деньгами.

Любовь на расстоянии и знаки зодиака.

Отношения на расстоянии существовали всегда, но в наше время все чаще можно встретить пары, поддерживающие их, в том числе и благодаря развитию технологий. Такие отношения могут принести нам не только много радости, но и много психологических конфликтов. Когда человек влюбляется подобным образом, у него возникает ряд ожиданий, которые, если не будут достигнуты, могут закончиться разочарованием. Если об отношениях, в которых мы живем ежедневно, нужно заботиться, чтобы любовь не умерла, то отношения на расстоянии требуют гораздо большего внимания.

Все люди и отношения у них разные, но в целом общение особенно важно, поскольку в любом виде связи общение является определяющим для успеха.

Не все знаки зодиака одинаково переносят отношения на расстоянии, давайте посмотрим, что говорит об этом астрология:

Овен: Ваша страсть всегда поразительна, но, когда Вы находитесь вдали от любимого человека, она усиливается. Борьба с партнером — это испытание любви, но часто Вы ощущаете ее как проявление своей неспособности адаптироваться.

Телец: Какие бы километры ни отделяли Вас от любимого человека, Вы всегда будете бороться за эту любовь. Но если ваша вторая половинка перестает выходить на связь без причины, вы воспринимаете это как пренебрежение и исчезаете из своей жизни.

Близнецы: Вы нуждаетесь в ежедневной информации о своем партнере, который звонит Вам и подробно рассказывает, где он находится и чем занимается, даже если это незначительно. Вы стремитесь к отношениям, в которых царит доверие, где бы они ни находились.

Рак: Несчастье, поскольку единственное пространство, которое обеспечивает безопасность Вашей романтической жизни, — это дом. Вы очень нежны, и это подчеркивается, когда вы скучаете по тому, кто украл ваше сердце.

Лев: Конфликт для Вас, поскольку Вы не можете представить, что Ваш партнер находится далеко, Ваше эго чрезмерно велико. Вам необходимо контролировать отношения. Вам не нравится длительное расстояние, и Вы склонны чувствовать себя ограниченным из-за него.

Дева: Вы плохо справляетесь с расстоянием, потому что, несмотря на то, что ни от кого не зависит ваше счастье, когда вы влюбляетесь, вы переедете на край света, чтобы быть с человеком, от которого у вас сводит в животе.

Весы: Будучи такими романтичными, время от времени вы будете признаваться в любви, чтобы не потерять эмоций. Иногда им приходится контролировать себя, чтобы не поддаться искушению быть неверными.

Скорпион: это будет увлекательная драма, поскольку отсутствие не разрушает Вашу любовную жизнь, а только монотонность. Вам также нравятся разлуки, окрашенные некоторой мелодрамой.

Стрелец: Границы для Вас не предел. Вы любвеобильны, а когда Ваша вторая половинка далеко, то тем более. Вы будете посылать письма и открытки, напоминая ему, как сильно Вы его любите и скучаете по нему.

Козерог: все время, пока длятся отношения на расстоянии, Вы будете строить планы, ориентированные на будущее, это порождает надежду и заставляет Вас чувствовать себя живым. Ваша цель - жить рядом с этим человеком, и Вы будете представлять себе это ежедневно.

Водолей: Иногда Вам хочется, чтобы Ваш партнер был рядом, чтобы строить совместные планы, а иногда Вы жаждете пространства для расширения своей индивидуальной жизни. Будучи любителем свободы, Вы не испытываете никаких проблем.

Рыбы: Романтики, для Вас привычно, что любовь процветает, даже если Ваш партнер находится на другом конце света. Расстояние — это возможность почувствовать восторг и тоску по любви. Вы полностью отдаетесь ей, даже если за семью морями.

Расставания в семейных парах. Можно ли вновь завоевать любовь?

Одно из самых печальных событий, которое можно пережить в сфере чувств, — это расставание с партнером. Не все проблемы пар можно решить, иногда у нас нет вариантов, и мы должны завершить отношения и начать новый цикл. При разрыве происходит настолько сильное расстройство, что оно может вызвать уныние, отсутствие аппетита и сна, а во многих случаях даже посттравматический стресс. Этот неприятный опыт может понизить самооценку и заставить испытывать страх перед будущим. Однако, всегда учитывая причину разрыва, расставание не обязательно должно быть вечным, оно не обязательно означает, что отношениям пришел конец и что шансов на спасение романа нет.

Нужно всегда думать, стоит ли восстанавливать отношения и есть ли больше причин оставаться вместе, чем отдаляться. Взвесить все "за" и "против", то есть проанализировать, больше ли положительных моментов, чем отрицательных. За время разлуки научитесь видеть положительное и спрашивайте себя: что было истинной причиной этого события? Если вы хотите вернуть любимого человека, вы должны осознать, какой вклад вы внесли в отношения, проанализировать себя.

В период разлуки не теряйте связь со своей лучшей половиной, но старайтесь соблюдать баланс в общении, чтобы дать ему время соскучиться по вас, а ему - пространство и не чувствовать себя задушенным. Сосредоточьтесь на общих вопросах. Старайтесь жить здесь и сейчас, не связывайте свое счастье с тем моментом, когда они смогут встретиться снова, потому что это может произойти, а может и никогда не произойти. Независимо от ваших желаний, если она размышляет и расходится, вы должны признать реальность. Ведите себя так, чтобы со временем вы гордились принятым решением. Терпение - ключевой момент в таких ситуациях, у другого человека могут быть сомнения, он может не торопиться наблюдать и думать, поэтому Вы должны продолжать жить своей жизнью, встречаться с друзьями, делиться с семьей, делать упражнения, чтобы направить всю негативную энергию, укрепить уверенность в себе и сохранить хорошее настроение.

Многие люди легко преодолевают эти травмы, и астрология здесь также имеет свою гипотезу. Знаки воздушной стихии - Близнецы, Весы и Водолей - очень быстро переживают любовные разрывы, их сердца недолго остаются разбитыми, и они будут искать тысячу способов, чтобы занять себя и перестать думать о сложившейся ситуации. Знаки воды, Рак, Скорпион и Рыбы, всегда готовы пересмотреть любое решение, они умеют вернуться к нормальной жизни, стереть боль из души и начать все с чистого листа. Здесь стоит уточнить, что, если была измена, Скорпионы ее не прощают и не забывают.

Примирение — это процесс роста и длительных изменений, который требует усилий, терпения и модификации поведения, но любовь — это самое сильное и чистое чувство, которое только существует, за него стоит бороться. Она дает силы преодолеть любые препятствия, делает нас сильными и нежными одновременно. Если вы хотите бороться за кого-то от чистого сердца, сделайте это.

Кто является вашей второй половинкой в соответствии с вашим знаком зодиака?

Когда мы слышим термин "родственные души", то обычно думаем, что речь идет о членах пары, то есть о тех, с кем нас связывает сильная сентиментально-сексуальная связь. Однако настоящие родственные души не всегда относятся к паре с этой точки зрения, а во многих случаях их даже не интересует сексуальный аспект отношений. Вашей второй половинкой может быть не только ваш партнер, но и отец, друг, сын, дедушка, начальник или сестра.

С астрологической точки зрения и с учетом того, что уроки, которые мы должны усвоить перед выходом на новый духовный уровень, определяют тип аффективных отношений, которые нам необходимо развивать в текущей жизни, можно сказать, что Рак и Рыбы - родственные души Овна. С помощью

Рака и Рыб Овны могут не только лучше концентрироваться и разрешать конфликты без насилия, но и развивать эмпатию, то есть способность ставить себя на место другого и учиться делиться. Эти два знака не любят конфликтов, а если они и случаются, то предпочитают диалог любому эпизоду жестокости. Овен может научить Рака и Рыб не нуждаться в одобрении окружающих, быть более рискованными и не пытаться всем угодить, то есть быть более напористыми.

Чувственный Телец, враг перемен, кровный родственник инерции, имеет в качестве родственной души Стрельца и Близнецов - два знака, которые знают, что жизнь — это увлекательное путешествие, но не статичное. Они могут научить Тельца, что не нужно оставаться там, где не нужно, боясь неопределенности, и что всегда будут возникать определенные ситуации или обстоятельства, которых мы не ожидаем и не в силах изменить. Тельцу также есть чему научить эти знаки. Уроки силы воли, умения брать на себя обязательства перед другими людьми, посвящать себя тому, что они делают, и идти до конца с упорством, без спешки и медлительности. Иметь принципы и быть благоразумным.

Лев может сбалансировать много кармы со своими половинками, принадлежащими к Весам и Водолею. Лев может упрямо придерживаться ошибочной идеи или убеждения; Весы и Водолей знают, что за эгоцентризмом скрывается низкая самооценка. Весы научат Льва хладнокровию и терпимости, использованию аргументации и дипломатии для поддержания ровного общения. Водолей, противоположный Льву знак, обладающий объективностью и справедливостью суждений, поскольку никогда не увлекается предрассудками, научит Льва видеть сердца людей, предлагать свое плечо и раздавать сочувственные слова в трудную минуту. Лев никогда не колеблется при принятии решений, а если и колеблется, то не проявляет этого, что Весам следует взять на вооружение. Верность — это печать Льва, то, чего не знает Водолей, и маленькие львята могут давать ему уроки нравственности.

У Дев, известных как перфекционисты из-за их огромного страха перед неудачей, есть родственные души - Скорпион и Козерог. Дева любит быть строгой в своих решениях и имеет прототип в каждом аспекте своей жизни. Такая избирательность мешает им следовать за движением жизни. Дева развалит весь проект, если посчитает, что он изначально был не идеален, чего никогда не сделает Козерог, так как его видение позволяет ему увидеть, что всегда можно принять альтернативные меры и не начинать все сначала. Козерог уверен в собственном пространстве, он не принимает бессмысленных решений, что иногда делает Дева. Со своей стороны, Скорпион может смягчить худшее и усилить лучшее в Деве. Скорпиона и Деву объединяет практический подход к жизни, однако Скорпионы гораздо более яркие, чем Дева. Скорпион принесет решения, которых не хватает Деве, а Дева привнесет контроль и рациональность в жизнь увлеченного Скорпиона. Дева сделает Козерога более приятным и игривым рядом с собой, отгородив его от той излишней серьезности, которую он часто демонстрирует на своем лице.

Что такое управляющий знак зодиака?

Контроль дает нам чувство безопасности, но проблема в том, что мы не можем контролировать большинство вещей, происходящих в нашей жизни, или других людей, и попытки контролировать только приводят к еще большему стрессу и конфликтам.

Контролирующие люди считают, что они знают, что лучше для окружающих, и могут стремиться к пассивному и даже косвенному доминированию. В зависимости от знака зодиака у Вас будет свой особый способ управления, и Вы будете агрессивны в этом отношении.

Овны: они обычно считают себя выше, умнее и эффективнее. Отсюда их потребность все контролировать. Они считают, что должны быть главными, потому что другие не знают, как правильно решить ту или иную проблему.

Тельцы: они считают, что имеют право вторгаться в пространство окружающих. Они обесценивают успехи друг друга, считают контролируемого человека неспособным и даже пытаются его изменить.

Близнецы: этот знак интеллектуален и часто умеет взять бразды правления в свои руки незаметно для вас. Они не считают другого человека свободным, но должны зависеть от него и от каждого его приказа.

Рак: они считают, что должны следить за мельчайшими деталями всего, что движется вокруг них. Все должно быть спланировано и организовано в соответствии с тем, что они решили с особой строгостью. И, конечно же, они убеждены, что их способ решения проблем - лучший.

Лев: старается, чтобы ситуации и поведение других людей соответствовали тому, что он считает правильным. Другой элемент, который они используют, — это угрозы, прямые или косвенные, в качестве наказаний или последствий, если вы не будете делать то, что говорит Лев.

Дева: они вмешиваются даже в чужие разговоры. Они постоянно критикуют других и очень подозрительны. Кроме того, они, скорее всего, попытаются ввести вас в свой круг друзей и родственников, вплоть до того, что сделают его своим единственным социальным окружением.

Весы: если бы это было возможно, они бы контролировали кровообращение каждого важного человека в своей жизни. Они действуют так, как будто это нормально - предугадывать решения другого и самим принимать их за другого человека. Оправданием может служить то, что они не теряют времени и делают то, что нужно всем.

Скорпион: контролирует вас, изолируя от друзей или семьи, причем делает это очень тонко. Он может жаловаться на то, как часто мы общаемся с членами нашей семьи, или говорить, что Вы им не нравитесь. С другой стороны, он также может постоянно обвинять Вас в том, что Вы ничего не умеете делать.

Стрелец: Он - стратег управления, потому что он не управляет все время, а делает это очень умно. Он не стесняется давать советы другим, даже если они его об этом не просили, потому что считает, что лучше других знает, как им следует поступить.

Козероги: обычно умело используют чувство вины, чтобы добиться от других того, чего они хотят. Они очень патерналистичны; они прибегают к этому механизму, чтобы скрыть свою попытку власти или контроля над другим.

Водолей: они не выносят незнания того, что произойдет или каким будет будущее. Они считают, что другие люди несовершенны во всех отношениях. Они испытывают тревогу и расстройство, когда все идет не так, как они себе представляли. Им нравится, когда в них нуждаются, потому что так они чувствуют себя хозяевами положения, и это их успокаивает.

Рыбы: склонны контролировать вещи и людей с помощью эмоциональных стратегий. Будучи чувствительным, может стать экспертом в области эмоционального шантажа. Он апеллирует к доверию, которое испытывает к нему другой, и в итоге использует его в качестве аргумента, когда берет на себя инициативу в принятии решений.

Принять мысль о том, что мы не всегда можем знать, что произойдет, или контролировать все, может быть непросто. Во многих случаях такая попытка контроля, особенно в паре, проистекает из страха быть покинутым. Мы должны помнить, что одной из основ для устранения этого страха, будь то в паре или в другой сфере жизни, является доверие и общение, раскрытие своих

страхов и согласие с тем, что другой
думает свободно.

Как каждый знак зодиака переживает сентиментальное расставание.

Расставание - одна из самых сложных ситуаций, которую необходимо преодолеть. Расставание подобно аффективной конвульсии, требующей процесса адаптации, в ходе которого будут происходить различные изменения, которые, конечно, зависят от личностных особенностей участников процесса. Астрология в очередной раз дает нам представление о том, как каждый знак Зодиака переживает расставание в соответствии со своими личностными особенностями.

Овен, не дрогнет рука, прежде чем поджечь все воспоминания о бывшем. Несколько недель после разрыва - самые напряженные недели для Овна. После разрыва Овен будет полностью проецироваться на свои цели. Для любого Овна существует только один стандарт успеха: желание быть лучше, чем все его бывшие вместе взятые.

Телец после расставания остается прежним. Его жизнь рутинна - до, во время и после. Они склонны сохранять холодное отношение к себе, чтобы не проявлять никаких симптомов слабости. Они очень упрямы и сделают все возможное, чтобы их бывший не увидел их разрушенными, но это не означает, что они не пострадали от случившегося.

Близнецы, он погружается в эмоциональный водоворот, поскольку не умеет справляться с эмоциями, начинает навязчиво изучать счета по кредитным картам, разговоры по мобильному телефону, записки и т. д. Если он находит информацию, которая дает ему доказательства истинной причины расставания, он успокаивается, но в противном случае это расследование может стать хроническим и помешать нормальному течению процесса восстановления.

Рак будет плакать до тех пор, пока у него не закончатся слезы, потому что он зависим от адреналина, который вырабатывает меланхолия. Ощущение страдания и сильной боли в первые недели после разрыва обычно сопровождается сильной ностальгией, постоянными воспоминаниями о другой личности и идеализацией прошлого с ней.

Лев, если они не согласятся положить конец отношениям, превратится в ураган чувств. Им захочется плакать, кричать и смеяться от нервов, причем одновременно. Им трудно разрешить ситуацию такого рода, потому что они не умеют справляться с поражениями. Им может потребоваться дополнительная поддержка, даже со стороны психотерапевта, чтобы выйти из этой ситуации психологически подготовленными.

Дева с сарказмом относится к расставаниям, поэтому ведет себя

одинаково и во время, и после них. С
другой стороны, от того, что они не
могут полностью контролировать
ситуацию, у них волосы встают дыбом, и
одним из симптомов этого стресса
является появление прыщей и проблем в
дерме.

Весы — это знак, который с наибольшей
вероятностью будет дружить с каждым
из ваших бывших. Они иногда бывают
легкомысленными людьми и не любят,
когда о них говорят другие, поэтому они
не сразу признаются своему кругу
общения, что у них больше нет партнера.

Скорпион, они постараются не
воспринимать разрыв всерьез, даже если
он вызывает язву в желудке, вместо того
чтобы сожалеть, они постараются
вернуть любовь этого человека. После
разрыва Скорпионы обычно страдают от
двух симптомов - тревоги и бессонницы.

Стрельцы, эти счастливые кентавры, не
слишком сокрушаются по поводу
расставания, они воспринимают его как

повод отправиться в путешествие. Стрельцу необходимо проехать по местности, чтобы изменить свою перспективу и преодолеть страдания, причем чем дальше и дольше поездка, тем лучше. Они просто смотрят на небо и говорят своему мозгу, чтобы он рассказал им другую историю.

Козерог - единственный знак, который находит счастье в меланхолии, и у него наступает один из самых продуктивных периодов. Когда отношения закончатся, Козерог захочет переключить свое внимание на единственный приоритет - работу.

Водолей, Водолеи - дикие натуры, и после расставания им захочется сделать что-то такое, что наверняка удивит всех. Они любят импульсивно менять свою внешность, и лучшего времени для этого, чем после расставания, не найти. Также они могут увлечься чем-то новым, будь то сериал на Netflix, хобби или алкоголь.

Рыбы любят смотреть на любовь сквозь розовые очки, и для них заманчиво оставить дверь открытой для иллюзий. По сравнению с другими знаками они склонны к интроспекции и защите своего пространства, предпочитая размышлять, а не действовать, заводить новые знакомства или отвлекаться на других людей или проекты.

Лучшие пары зодиака.

Одна из самых больших загадок в мире
— это любовь, почему мы влюбляемся в
определенный тип людей? Это обычные
вопросы, которые приходят нам в голову,
когда мы решаем, правильно ли мы
делаем ставку в той или иной области,
где в случае неудачи мы можем очень
сильно пострадать. Астрология может
предложить вам что-то ценное или
интересное, даже если вы сомневаетесь
или относитесь к этой теме скептически.
Многие проблемы людей, в том числе и
сексуальные, связаны с их попытками
навязать определенный энергетический
поток. Некоторые давят на своих
партнеров или заставляют себя пробовать
всевозможные вещи, но со временем, в
любых отношениях, выдуманные образы
разрушаются, и вы начинаете видеть то,
что есть на самом деле.

Хотя знаки одной стихии в принципе
совместимы, существует множество

зодиакальных знаков, которые могут энергетически питать или стимулировать друг друга, оставаясь при этом внутренне разными.

Овны и Близнецы имеют естественную связь. Они общительны, коммуникабельны и никогда не упускают возможности хорошо провести время. Они понимают друг друга, поскольку у них один и тот же ритм, оба - очень самостоятельные знаки, которые без проблем позволяют своему партнеру быть независимым.

Телец и Рак - у них уникальная химия, они словно созданы друг для друга. В этой паре Телец служит якорем для эмоциональной натуры Рака, а Рак, в свою очередь, успокаивает жесткость Тельца.

Лев и Стрелец — это естественный романтический коктейль, без сомнения, им предопределено быть вместе. У них с самого начала возникает необыкновенная связь, особенно в сексе. Они вспыльчивы и никогда не воспринимают ничего всерьез.

Весы и Водолей созданы друг для друга, они ослепляют друг друга своей проницательностью и мудростью, они созвучны душой и телом. Водолей видит в Весах человека, которому он может донести свои идеалы, не боясь потерять свободу, а Весы находят в Водолее источник непоколебимой интеллектуальной стимуляции и физического притяжения.

Дева и Козерог с первого мгновения могут отдать себя друг другу, потому что оба они обычно честны и целостны в любовных отношениях. У них схожее видение жизни и схожие способы преодоления трудностей, вместе они умеют находить таинственные решения самых сложных проблем; редко когда что-то мешает им достичь своих целей.

Рыбы и Скорпион образуют союз, имеющий все возможности для успеха. Это два до крайности восторженных и искренних знака, у них феноменальная коммуникабельность, даже любой скажет, что мысли можно передавать.

В отношениях, как и в повседневной жизни, когда вы гармонично со настроены с кем-то, нет проблем между темпом, ритмом или интенсивностью вашего энергетического потока и потока другого человека, именно тогда мы говорим, что существует химия любви.

Романтика в век технологий!

Какой была бы любовь Ромео и Джульетты, Тристана и Изольды, Клеопатры и Марка Антония, Данте Алигьери и Беатрис Порт Инари, если бы они обладали всеми теми техническими достижениями, которыми мы пользуемся сегодня? Наверняка удалось бы избежать некоторых недоразумений и несчастий. Несомненно, технология имеет свои преимущества и в области любви: нам больше не нужно ждать несколько дней, чтобы получить письмо и узнать о своей лучшей половине, находящейся в другом полушарии, или тратить огромные деньги на телефонную связь - для любви нет границ. Технологии присутствуют в каждом аспекте современной жизни, включая покупки, новости, работу, и отношения не являются исключением, Интернет открывает нам беспрецедентный путь к жизни людей, и все находится в пределах досягаемости одного щелчка мыши.

Но у хороших вещей иногда есть противопоказания.

Живя в суете, мы ищем самый короткий и легкий путь к ухаживанию, и это приводит к тому, что традиции, которые веками были вписаны в нашу ДНК, начинают угасать. Раньше мы могли часами разговаривать в парке, поедая мороженое, мы наслаждались встречами без помех, счета не делились пополам, мужчины открывали дверь машины, в нашей памяти были все воспоминания, звучали песни о любви, они дарили нам цветы и любовные письма. Была связь.

Сегодня социальные сети связывают нас, но в то же время и отдаляют, поскольку, изучив профиль другого человека, например, на Facebook, вы узнаете, какие фильмы он любит, какую музыку играет, где побывал и многое другое, что дает вам представление о его личности. Принимая это во внимание, вы попытаетесь найти совместимость, которая может оказаться ложной, поскольку очень легко идеализировать другого человека, особенно если тот, с кем мы общаемся, делает умные комментарии или имеет привлекательную фотографию в профиле, вы будете представлять себе человека своей жизни без каких-либо недостатков. Человек на другом конце компьютера может разместить нереальный образ себя, и вы нечаянно разрушите старую динамику постепенного и настоящего знакомства с человеком. К этому следует добавить, что при первом знакомстве на сайтах люди могут вступать в сексуальные романы перед свиданием, что создает не только ожидания от первой встречи, но и большое сексуальное напряжение.

Это технологическое изменение может стать причиной серьезного коммуникационного разрыва, который может затронуть многие поколения. Многие виртуальные влюбленности вызваны одиночеством и неудовлетворенностью, виртуальный человек всегда кажется привлекательным, но без разделения домашних обязанностей, счетов или других неудобных и утомительных, но реальных дел пары, такие факторы, как доверие, искренность и мораль, составляющие основу любых отношений, оказываются под угрозой, порождая отношения с ложной основой и обманом.

Каждое правило имеет свое исключение, и многие отношения, начатые в сети, могут иметь успешное завершение, но важно знать, что Интернет может принести и немало разочарований.

Мы живем в другое время, и не стоит быть пессимистами, любовь по-прежнему существует, только работает она по-другому, и, очевидно, люди продолжают встречаться и влюбляться.

Ревность: тихие убийцы.

Ревность — это эмоциональное проявление, возникающее, когда человек предупреждает об опасности по отношению к тому, что он считает своим. Чувство ревности к чему-то или кому-то — это чувство, врожденное для человека. Все мы в какой-то момент испытывали их. Ревность и зависть имеют один и тот же мотив: потребность в самоутверждении. Ревнивец обнаруживает страх потерять свое имущество, то есть он считает его своим и не хочет, чтобы кто-то его у него отнял. Завистник, наоборот, хочет получить то, чего у него нет. Ревность может быть позитивной, если соблюдаются нормы, признаваемые парой.

Ревность обычно связана с неуверенностью в себе и недостатком уверенности. Ревнивец полагает, что любит слишком сильно, и поэтому исповедует ревность. За этими чувствами скрываются неуверенность в себе и мысли о невыгодности соперничества за любимого человека. Во многих случаях эта неуверенность идет из детства, от родителей, которые эмоционально отсутствовали и не удовлетворяли потребности ребенка в защите и привязанности. В других случаях причиной неуверенности в себе может быть травматический опыт или смущение, возникшее в предыдущих отношениях.

Ревнивец имеет исключительно низкую самооценку, принижает себя, ставит себя в очень мелкие ситуации, что позволяет ему считать, что партнер его обманывает.

Когда они вредны?

Когда они больные, то есть иррациональные и не имеющие объективной основы, они могут прекратить межличностные отношения и на этом этапе представляют большую проблему для психологического благополучия человека, который их исповедует.

Не вся ревность исходит от романтических партнеров, но верно то, что она гораздо чаще встречается у женихов. На самом деле, ревность - неоднократно встречающаяся проблема в психологических консультациях супружеских пар.

Существует ошибочное мнение, что чем больше ревности, тем больше любви, и эта концепция является прекрасным признаком того, что отношения начинаются плохо, поскольку самое важное в отношениях — это свобода личности, как я говорю, "разделяй жизнь, но не оставайся без собственной жизни". Удушье, вызванное ревностью, делает отношения невыносимыми.

Можно ли их избежать?

Конечно. Самое главное - отказаться от контроля, быть осознанным, самокритично размышлять, действительно ли у вас есть доказательства ваших сомнений или это слепые убеждения, не подкрепленные доказательствами. Решение проблемы патологической ревности не в поведении наших партнеров. Мы сами ответственны за свои чувства и за их разумное регулирование. Выберите человека, которому вы доверяете, чтобы поговорить о сложившейся ситуации. Поймите, что эта проблема, если ее не лечить, может стать опасной, во многих случаях самоубийства ревность является общим элементом, и, если вы понимаете, что не можете себя контролировать, лучше всего обратиться за помощью к специалисту.

Общение — это обязательное условие для того, чтобы узнать другого и, следовательно, иметь возможность доверять, потому что, познакомившись с человеком, можно понять, что может произойти, а что нет в плане верности. Любить эгоистично так же невозможно, как схватить руками звезду. - JLazett.

Об авторе

Помимо астрологических знаний, Алина Руби имеет богатое профессиональное образование: она имеет сертификаты по психологии, гипнозу, Рейки, биоэнергетическому целительству с помощью кристаллов, ангельскому целительству, толкованию снов и является духовным инструктором. Руби обладает знаниями в области геммологи, которые использует для программирования камней или минералов и превращения их в мощные амулеты или талисманы защиты.

Руби обладает практичным и целеустремленным характером, что позволило ей иметь особое, интегрирующее видение нескольких миров, способствующее решению конкретных проблем. Алина пишет ежемесячные гороскопы для сайта Американской ассоциации астрологов; их можно прочитать на сайте www.astrologers.com. В настоящее время ведет еженедельную колонку в газете El Nuevo Herald на духовные темы, которая выходит каждое воскресенье в цифровом виде и по понедельникам в печатном. На YouTube-канале этой газеты он также ведет программу и еженедельный гороскоп. Его астрологический ежегодник ежегодно публикуется в газете "Diario las Américas" под рубрикой Rubi Astrologa.

Руби - автор нескольких статей по астрологии для ежемесячного издания "Today's Astrologer", преподаватель астрологии, Таро, чтения по руке, исцеления кристаллами и эзотерики. На ее канале в YouTube еженедельно выходят видеоролики на эзотерические темы: Rubi Astrologa. Она ведет собственную астрологическую программу, которая ежедневно выходит на телеканале Flamingo T.V., дает интервью нескольким теле- и радиопрограммам, ежегодно выпускает "Астрологический ежегодник" с гороскопом по знакам и другими интересными мистическими темами.

Она является автором книг "Рис и бобы для души", часть I, II и III, сборника эзотерических статей, изданных на английском, испанском, французском, итальянском и португальском языках. "Деньги для всех карманов", "Любовь для всех сердец", "Здоровье для всех тел", Астрологический ежегодник 2021, Гороскоп 2022, Ритуалы и заклинания для успеха в 2022 году, Заклинания и секреты, Астрологические курсы, Курсы Таро, Эзотерические курсы, Любовь и совместимость знаков зодиака, Ритуалы и

амулеты 2023 и Китайский гороскоп 2023
- все это доступно на пяти языках:
Английский, Итальянский, Французский,
Японский и Немецкий.

Руби прекрасно владеет английским и
испанским языками, сочетает в своих
чтениях все свои таланты и знания. В
настоящее время проживает в Майами,
штат Флорида.

Более подробную информацию можно
получить на сайте
www.esoterismomagia.com.

www.ingramcontent.com/pod-product-compliance
Lightning Source LLC
Chambersburg PA
CBHW022158150726
47992CB00002B/851